LAISSE-MOI T'EXPLIQUER... LA DYSLEXIE
by Marianne Tremblay

World copyright © 2012 Editions Midi Trente
Korean translation copyright © 2013 Hanulim Publishing Co., Ltd.
This Korean edition is published by arrangement with Editions Midi Trente through Ambre Communication Agency and Bookmaru Korea literary agency in Seoul.
All rights reserved.

이 책의 한국어판 저작권은 북마루코리아와 Ambre communication를 통한 Editions Midi Trente와의 독점 계약으로 ㈜도서출판 한울림이 소유합니다. 신 저작권법에 의하여 한국 내에서 보호를 받는 저작물이므로 무단 전재와 복제를 금합니다.

난독증이 뭔지 알려 줄게!

마리안느 트랑블레 글·마음물꼬 옮김
정재석 (소아청소년정신과 전문의) 감수
신영화 (한국난독증협회장) 추천

한울림스페셜

추천글

이상하죠? 머리도 좋고, 눈도 좋은데 왜 책을 잘 읽지 못할까요?

어린이 여러분들 중에 '난독증'이라는 말을 처음 알게 된 친구들이 많을 거예요. 난독증은 글자를 제대로 읽지 못하거나 쓰지 못하는 경우를 말합니다. 책을 소리 내어 읽을 때 아주 느리게 떠듬떠듬 읽거나 틀리게 읽기도 하지요. 받아쓰기를 잘 못하거나 글씨를 엉망으로 쓰기도 해요. 아마 이런 어려움을 겪는 친구들이 한 반에 한두 명은 있을 거예요.

그런데 왜 글자를 잘 읽고 쓰지 못할까요? 오랫동안 사람들은 글자를 잘 읽지 못하는 이유를 지능이 낮거나 심각한 시각 장애 때문이라고 생각했대요. 하지만 지능도 시력도 좋은데 읽지 못하는 아이들이 점점 많이 발견되고, 집중력이 부족하거나 공부를 안 해서 생기는 문제만도 아니라는 걸 알게 되었답니다.

이상하죠? 머리도 좋고 눈도 좋은데 왜 제대로 읽고 쓰지 못하는 걸까요? 수많은 학자들이 연구를 거듭한 결과, 난독증의 원인이 조금씩 밝혀졌어요. 쉽게 말하면, 언어 기능을 담당하는 뇌가 조금 다르게 작동하기 때문이래요. 하지만 왜 뇌가 다르게 작동하는지는 아직까지 밝혀지지 않았어요. 단, 누구의 잘못도 아니라는 것은 확실해요.

병원에서 난독증이라는 진단을 받은 친구들은 의사 선생님과 언어치료사 선생님이 잘 읽고 쓸 수 있는 효과적인 방법을 알려 주어 열심히 노력하고 있어요.

혹시 여러분들 가운데 난독증이 있는 친구를 놀리는 어린이가 있다면 더 이상 그런 행동을 하지 말아야 해요. 자기가 잘못한 일도 아닌데 친구들한테 놀림을 받으면 여러분도 화가 나지요? 마찬가지로 그 친구도 잘하고 싶어서 열심히 노력하는데 자꾸 실수를 하게 되고 뜻대로 되지 않아 속상하고 많이 힘들 거예요. 그래도 노력하면 조금씩 나아진답니다.

난독증이 있는 친구에게는 이해와 배려가 필요해요. 책을 소리 내어 읽을 때 그 친구가 얼마나 힘들지 이해해 주고, 틀리게 읽거나 너무 느리게 읽더라도 배려해 주는 따뜻한 마음을 가졌으면 해요. 함께 읽고 쓰기를 도와준다면 그 친구는 더 기뻐할 거예요.

그리고 여러분이 알고 있는 위인들 가운데 난독증이 있었던 사람도 있어요. 천재 음악가 모차르트, 위대한 과학자 아인슈타인, 만화 주인공 <미키 마우스>를 만든 월트 디즈니 모두 난독증이 있었지요. 어려움도 많았지만 포기하지 않고 노력해 재능을 발휘한 덕분에 훌륭한 사람이 될 수 있었답니다.

우리 모두 잘할 수 있다고 응원과 격려의 박수를 보내자고요!

신영화(한국난독증협회장)

안녕!

내 이름은 **루이**야.
나는 초등학교 4학년이고,
축구를 무척 좋아하고 아주 잘해.
하지만 학교 성적은 별로 좋지 않아.
난 난독증이 있거든.

넌 난독증이 뭔지 아니?

난독증은 듣고 말하는 건 잘하는데
글자를 정확하게 읽고 쓰지 못하는 거야.

난독증이 있으면 글자를 제대로 읽지 못해서
글의 내용을 잘 이해하지 못해.
글을 쓸 때는 글자가 잘 생각나지 않고.
그래서 학습 장애 가운데 하나라고 알려져 있어.

무슨 말인지 모르겠다고?
내가 차근차근 알려 줄게!

유치원에 다니면서 처음 글자를 배울 때
난 정말 너무 힘들었어.

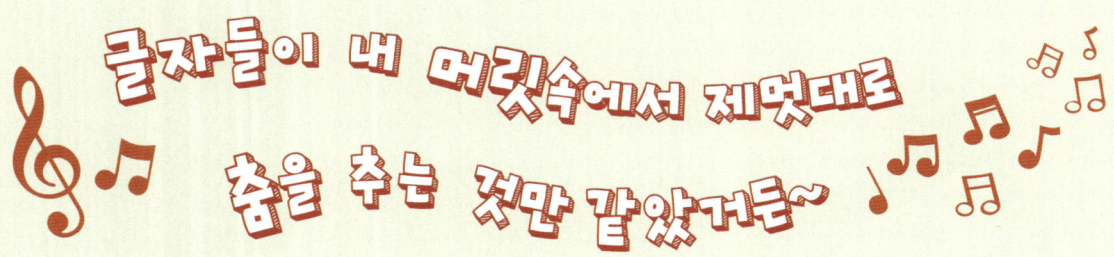

나는 아직도 글자를 읽고 쓰는 게 헷갈려.
말하거나 노래를 외워 부르는 건 어렵지 않지만
큰 소리로 책을 읽거나 노랫말을 공책에 옮겨 적는 건 정말 힘들어.

1학년 때 담임 선생님은 한글의 자음과 모음은
각각 자기 소리가 있다고 설명하셨어.

ㄱ, ㄴ, ㄷ… 같은 자음과 ㅏ, ㅑ, ㅓ… 같은 모음,
그리고 자음과 모음이 합쳐져서 만들어진
가, 나, 다, 라 같은 낱글자들이 어떤 소리를 내는지 알려 주셨어.

하지만 난 도무지 무슨 말인지
알아들을 수가 없었어.
그저 머리만 아팠을 뿐이지!
소리와 글자들을 제대로 짜 맞추는 게
굉장히 어려웠거든.

아주 어려운 **퍼즐 조각**을
맞추는 것처럼 말이야.

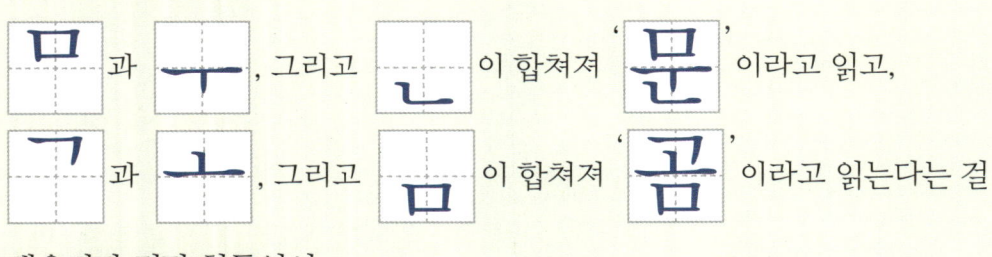

배우기가 정말 힘들었어.

그건 마치 쉴 새 없이 **요리조리 움직이는**
축구공을 차는 것처럼 어렵게 느껴져.
그건 정말 쉽지가 않거든.

그래도 내가 잘 읽을 수 있게 된 낱말도 있어.
토마토, **양파**, **쥐**
같은 거 말이야.

하지만 **아이스크림**이나
오케스트라, **스파게티** 같은
낱말들은 너무 복잡하게 느껴져.

햇빛, **부엌**, **가마솥**도
나에게 너므 어려운 낱말이야.

나는 맞춤법을 익히는 게 너무 어려워.
'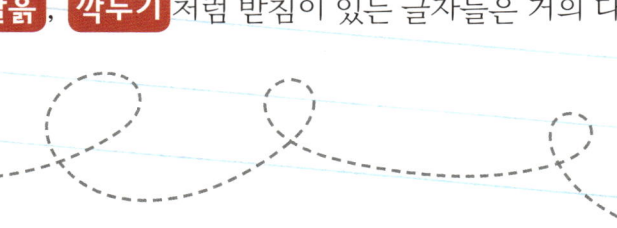…' 같은 받침 글자를 어떻게 써야 하는 건지 잘 모르겠어.

특히, 나뭇잎, 젊은이, 암탉 처럼
쓸 때와 읽을 때 소리가 다른 낱말들은 너무 헷갈려.

그래서 난 받아쓰기 시험이 정말 싫어.
선생님이 불러 주는 글자를 받아쓰려고 하면
연필을 잡은 내 손이 꽁꽁 얼어 버리는 것 같아.

아무리 애를 쓰고 열심히 써도 받침을 빼먹거나
잘못 쓰고, 앞뒤 글자를 바꿔 쓸 때가 많아.
꽃잎, 찰흙, 깍두기 처럼 받침이 있는 글자들은 거의 다 틀려.

 **너 이거 아니?**

우리나라는 글을 왼쪽에서 오른쪽으로 써 가는데, 오른쪽에서 왼쪽으로 또는 위에서 아래로 써 내려 가는 나라들도 있어. 규칙과 관습에 따라 달라지는 거야.

아랍어는 글씨를 오른쪽에서 왼쪽으로 쓴대!

난 종종 글자 모양을 혼동해서 쓰는 경우가 있어. 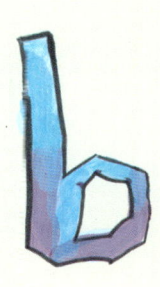 와 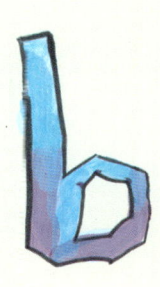, 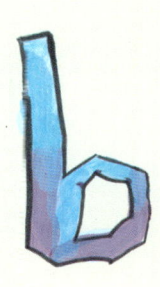 와 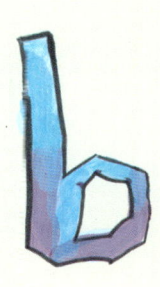 처럼 영어 알파벳 가운데 내가 '거울 글자'라고 부르는 글자들이 특히 그래.

한글에는 '거울 글자'가 없지만  와 ,  와  처럼 비슷한 글자들을 헷갈리는 거야.
예를 들면, 이런 식으로 쓰는 거지.

'니는 촉구긍을 친다.'

뭐라고 쓴 건지 의미를 알겠니?

또 나는 '**바**'와 '**파**', 숫자 '**2**'와 '**3**', '**5**'와 '**6**'이 비슷하게 보여.
참 이상하지?

얼마 전 내 짝꿍이 늦은 밤 집에서 읽은
재미있는 귀신 이야기를 들려줬어. 정말 부러웠지.
나도 잠자리에서 재미있는 책을 읽고 싶거든.
하지만 글이 너무 길어서 읽기 힘들 때가 많아.

집중해서 읽으려면 엄청난 노력을 들여야 하고,
시간도 너무 오래 걸려.

너희가 삼십 분이면 읽을 수 있는 책을
내가 다 읽으려면 한 시간도 넘게 걸려.
그래서 책을 다 읽고 나면 난 완전히 지쳐 버려.

그런데 나를 더욱 힘들게 하는 건,
지금까지 읽었던 책의 앞 내용이
잘 기억나지 않는다는 거야.
그럴 때 난 정말 속상해.

아래 글을 조금 빨리 읽어 볼래?

간장 공장 공장장은 강 공장장이고,
된장 공장 공장장은 공 공장장이다.
네가 그린 기린 그림은 못 그린 기린 그림이고
내가 그린 기린 그림은 잘 그린 기린 그림이다.
뜰의 콩깍지는 깐 콩깍지냐 안 깐 콩깍지냐.

빨리 읽는 게 생각만큼 쉽지 않을 거야.
난독증이 있는 아이들이 글을 읽을 때도
이와 비슷한 어려움을 겪고 있다고
생각하면 돼.

또 글을 소리 내어 읽을 때, 머릿속에서는 어떻게 읽어야 하는지 아는데,
막상 입 밖으로는 제대로 나오지 않는 경우가 종종 있어.
글자들이 되는 대로 아무렇게나 섞여서 튀어나오는 거야.
스파게티가 아니라 **스파데티** 같은 식으로 말이야.

나는 말소리를 잘 구별하지 못할 때도 있어.
마치 색깔을 구별하지 못하는 **색맹**처럼 말이야.

파랑을 **바람**으로, **둑**을 **덕**으로,
곰을 **공**으로 잘못 알아들을 때가 많아.
게다가 말까지 빠르면 정확히 구별하기가 더 힘들어지지.
그래서 다른 사람과 이야기를 나눌 때
가끔 못 알아듣고 바보처럼 엉뚱한 질문을 하기도 해.

말소리를 구별하지 못하니까

다른 사람의 말을 이해하기도 힘들거든.

친구들이 이런 나를 보고 웃으며 놀릴 때는 많이 속상해.

만약 너희들이 나한테 이야기할 게 있다면 좀 더 천천히,
여러 번 반복해서 말해 주면 고맙겠어.
그러면 내가 너희들이 하는 말을 잘 알아들을 수 있을 테니까.

난 학교에서 누구보다도 열심히 공부해.

다른 친구들처럼 읽고 쓸 수 있으려면 더 많이 노력해야만 하지.

하지만 가끔 아이들이 내게 게으른 멍청이라며 놀리곤 했어.

나는 절대로 멍청하지도 게으르지도 않아.

난 축구부 주장이야.

축구를 아주 잘하거든!

코치 선생님은 멍청하면 절대로 축구를 잘할 수 없다고 하셨어.

그런데 어느 날 담임 선생님이 나에게 엄마를 모셔 오라는 거야.

병원에서 검사를 받아 보는 게 좋겠다고 말씀하셨대.

나는 마음이 조금 불안했지만 **검사**를 받는 게 그리 힘들거나 어렵지 않았어.

> 난독증인지 알아보기 위해서 기초학습기능검사와 지능검사, 그리고 언어평가 등 몇 가지 검사를 받았어.

◆ 바르게 쓰인 단어에 동그라미를 치고, 소리 내어 읽어 보세

중김	차예	임금님	힐아비지
(부분)	감물	문위기	초등합고
하늘	설당	(공동점)	스마게피
마흠	친규	우주선	느티나무
낱발	편지	석울암	갱이

내가 검사 받는 걸 도와주는

언어치료사 선생님이 아주 상냥해서
금방 편안해졌거든.

선생님은 내가 듣고, 말하고, 읽고,
쓰고, 공부할 때 내 머릿속에서
어떤 일이 일어나는지 알아보는
거라고 말해 주셨어.

언어치료사 선생님을 무서워하지 않아도 돼.
외계인이 아니니까!
읽기, 쓰기, 그리고 기억놀이까지 같이해 줘.

17

모든 검사가 끝나고, 의사 선생님은
나에게 난독증이 있다고 얘기하셨어.

나는 난독증이라는 말을 이때 처음 들었지.

의사 선생님은 난독증이 무슨 뜻인지 쉽게 설명해 주셨어.
**그동안 내가 제대로 읽고 쓰지 못한 이유가
바로 난독증 때문이라는 거야.**
난독증은 어린아이뿐만 아니라 어른들 가운데도
있다고 하셨어. 글쎄, 우리 아빠도 난독증이 있대!

의사 선생님은 난독증이 유전될 수 있다고 말씀하셨어.
그게 무슨 말이냐면, 내가 태어나기도 전에 이미
내 몸의 세포 안에 아빠에게서 물려받은 난독증 유전자를
갖고 있었다는 거야.

그 사실을 알고 나는 안심이 됐어.
나에게 난독증이 있는 게
내 잘못이 아니라는 것을 알게 됐으니까!

그동안 아니라고 생각했지만,
친구들이 놀린 것처럼 내가 '게으른 멍청이'일까봐 두려웠거든.
친구들 앞에서 떠듬떠듬 책을 읽을 때,
열심히 공부했는데 시험 문제를 잘 읽지 못해서
제시간에 시험지를 다 풀지 못했을 때,
정말 내가 밉고 싫었거든.

그런데 의사 선생님은
이런 내가 똑똑하다고 하셨어.

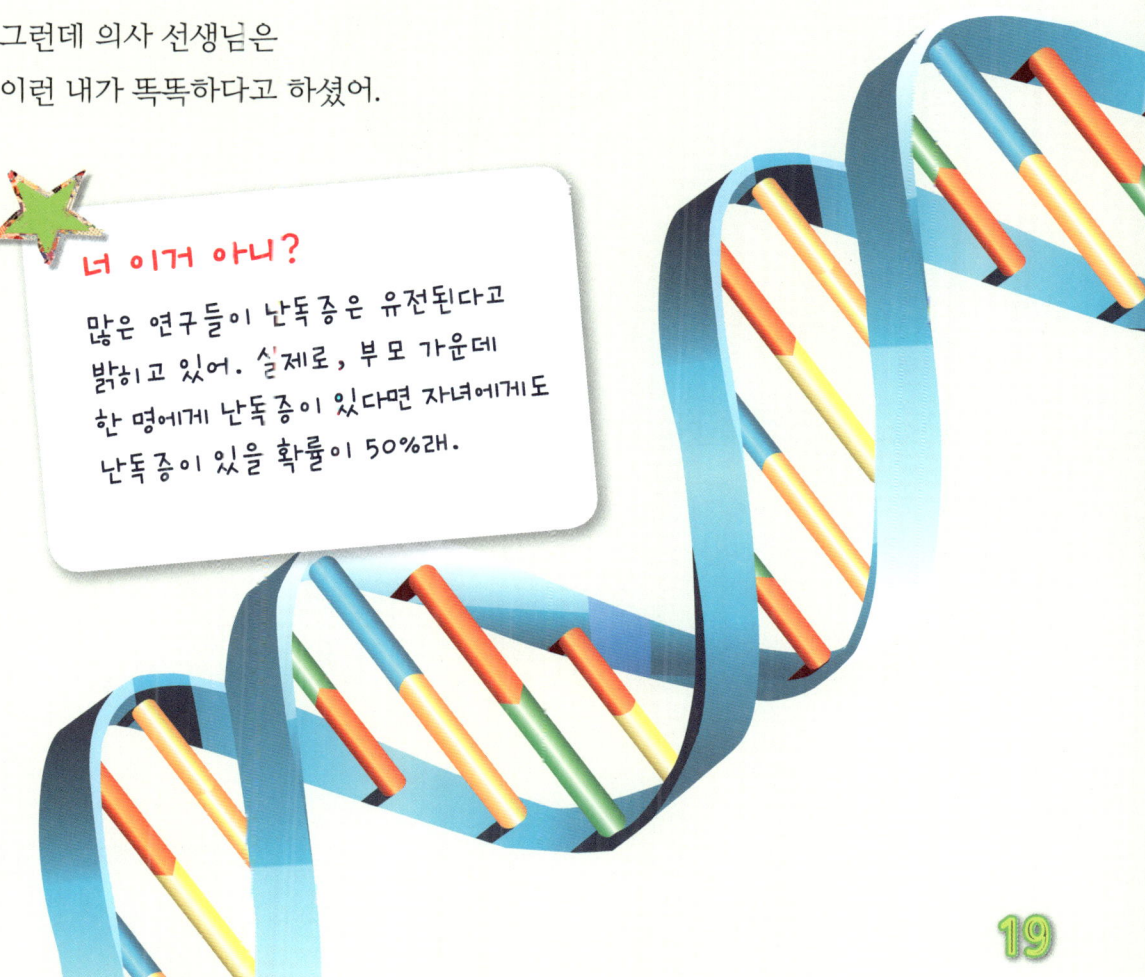

너 이거 아니?

많은 연구들이 난독증은 유전된다고 밝히고 있어. 실제로, 부모 가운데 한 명에게 난독증이 있다면 자녀에게도 난독증이 있을 확률이 50%래.

난독증 때문에 글을 쓰거나 읽을 때 어려움을 겪을 뿐,
다른 사람들만큼 똑똑하다는 거야.

단지 내 뇌가 조금 다르게 작동할 뿐이래.

어떻게 다르냐고? 우리 뇌는 좌뇌와 우뇌로 나뉘어 있는데,
글을 읽을 때는 주로 좌뇌만 사용한대.

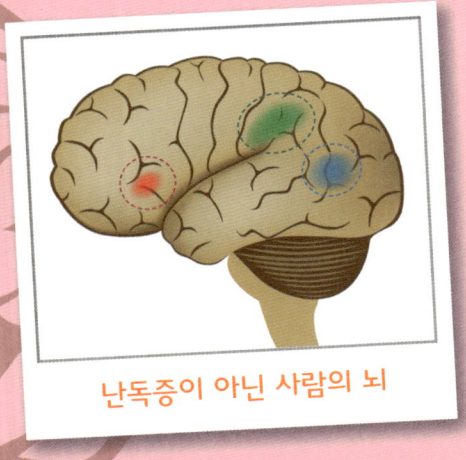

난독증이 아닌 사람의 뇌

먼저 난독증이 없는 뇌를 살펴 보면,
글자를 읽고 그 의미를 이해하기 위해
작동하는 뇌 부위가 세 군데라는 걸 알 수 있어.

파란색 부위는 글을 빨리 읽을 때 작동하고,
초록색 부위는 처음 보는 낱말을 정확하게 읽을 때 작동한대.
빨간색 부위는 눈으로 본 글자를 소리 내어 읽을 때 작동해.

그런데 난독증이 있는 뇌를 살펴 보면,
글을 읽을 때 빨간색 부위만 작동하고
초록색 과 파란색 부위는 작동하지 않는대.
그럼 어떻게 될까?
글을 빨리 읽는 것도 힘들고, 처음 보는
낱말은 정확하게 읽지 못하겠지!
그래서 나는 책을 소리 내어 읽을 때
아주 느리게 떠듬떠듬 읽고, 틀리게 읽기도 하는 거야.

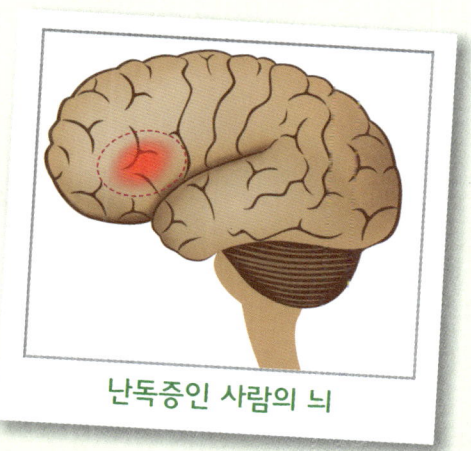

난독증인 사람의 뇌

그렇다고 내가 남들과 많이 다른 건 아니야.

그저 글을 읽고 쓸 때만 다른 거야.

뇌는 사람의 생각이나 행동을
총지휘하는 감독이라고 할 수 있어.
축구 감독이 경기를 지켜보며
선수들에게 지시를 내리는 것처럼
뇌도 우리 몸에서 이뤄지는 모든 것들을
지휘하고 감독하지.
내 뇌도 조금 다르지만 자기 나름의 방식으로
열심히 일을 해내고 있는 거야.

21

나는 난독증이 있는 사람들이 모두 다 똑같은 어려움을 겪는 건 아니라는 사실도 알았어.

나는 특히 글을 읽을 때 어려움이 있는데, 글자와 소리를 연결시키는 게 힘든 거야.

어떤 사람들은 정확하게 읽을 수는 있지만 빠르게 읽는 게 어려울 수도 있어.

자석 글자로 낱말 만들기

자석 글자판으로 글자 만들기를 해보면 재미있어. 먼저 자기 이름부터 만들어 봐. 그리고 가족과 친구들의 이름, 좋아하는 장난감의 이름도 만들어 볼 수 있어.

비슷한 소리를 구분하고 발음하는 데
어려움을 겪는 사람도 있어.
그런 사람은 다른 사람의
말이나 설명을 알아듣는 데
시간이 걸리고 잘못 알아듣기도 해.

글씨를 쓸 때 손이 움직이는 방향을
헷갈려 글자를 거꾸로 쓰는 사람도 있어.

또 숫자를 쓰거나 계산을 빨리하는 데 어려움을 겪는 사람들도 있지.

겪는 어려움은 저마다 다를 수 있어.

의사 선생님은 100명 가운데 5명 정도의 아이들이 난독증으로 어려움을 겪는다고 알려 주셨어.
한 반에 적어도 한두 명은 난독증일 수 있다는 거야.
그러니까 나만 그런 게 아니란 말이지!
혹시 너도 난독증이 있니?
아니면 난독증이 있는 사람을 알고 있니?

난독증은 여자아이에 비해 남자아이가 3~4배 정도 더 많대!

너도 알고 있을지 모르겠지만, 위대한 업적을 이룬 위인들 가운데 난독증이었던 사람도 있어. 레오나르도 다 빈치, 피카소, 모차르트, 아인슈타인, 아가사 크리스티도 나처럼 난독증이 있었대.

우와! 용기가 나는 걸!

알버트 아인슈타인은 아홉 살 때까지 글을 읽지 못했어. 그는 빛을 타고 날아가는 장면을 상상하며 상대성 이론을 만들어 냈대.

알버트 아인슈타인

$E=mc^2$

지금은 세상 사람들의 존경을 받지만, 이분들도 역시 난독증 때문에 학교나 사회생활에서 많은 어려움을 겪었어. 하지만 ==자신만의 장점을 발견하고, 꾸준히 노력해 자기 분야에서 탁월한 재능을 발휘하여 훌륭한 사람이 될 수 있었던 거지.==

난독증이었던 사람들이 어려움을 이겨 내고 자신의 분야에서 최고의 자리에 오를 수 있었던 건 무엇보다 끝까지 포기하지 않고 스스로 최선을 다했기 때문이야.

월트 디즈니도 아홉 살 때까지 글을 읽지 못했어. 그래서 자기가 배운 것을 기억하기 위해 그림을 그렸대. 덕분에 〈미키 마우스〉, 〈101마리 달마시안〉 등 전 세계 어린이들에게 사랑받는 멋진 만화 주인공이 탄생한 거야!

모차르트

월트 디즈니

다 빈치가 그린 모나리자

때로는 어려움을 겪기도 하지만 난 학교가 좋아.
새로운 것들을 배울 수 있으니까!
너도 알겠지만, 나는 똑똑하고 배울 수 있는 능력이 있잖아.
나는 이제 내가 얼마나 노력을 기울여야 하는지 잘 알아.
남들과 다르게 배워야 하고 남들보다 느리겠지만,
포기하지 않고 열심히 해서 내 꿈을 꼭 이룰 거야.

어떤 날은 쉽게 잘 풀리고 또 어떤 날은 힘들겠지만, 처음보다는 훨씬 잘할 수 있을 거야.

나무보다는 숲을 보는 사람들

난독증을 가진 사람들 대부분이 세세한 사항보다는 큰 그림을 그리는 능력이 필요한 분야에서 큰 활약을 하고 있어. 예를 들면, 다음과 같은 분야들이야.

- 예술 분야
  (화가, 조각가, 디자이너, 사진작가)
- 건축가, 정비기술자
- 기계 공학
- 수학자
- 의학
- 조종사, 선원
- 음악
- 컴퓨터 및 소프트웨어 디자이너
- 동식물 연구가, 환경 운동가
- 시인, 작사가, 소설가
- 상담가, 심리학자
- 기업가, 최고 경영자

자료: Brock L. Eide, Fernette F. Eide, 《난독증심리학》, 정재석 외, 2013년

담임 선생님과 부모님, 의사 선생님과 언어치료사 선생님이 다 같이 나를 도와주고 용기를 북돋아 주셔. 지금은 특수교사인 다비드 선생님도 만나고 있어. 내가 더 잘 배울 수 있도록 여러 가지 방법을 이용해 나를 도와주고 있어.

특수교사 : 학습 장애가 있거나 학습에 어려움을 겪는 아이들을 돕는 교육 전문가

그 가운데에서 내가 좋아하는 방법을 몇 가지 알려 줄게.

난 책상 위에 한글 자음모음표와 구구단표를 붙여 놓았어.

숙제를 하다가 글자가 잘 생각나지 않으면 곧바로 확인할 수가 있거든. 너도 그렇게 해 봐. 정말 도움이 될 거야.

난 큰 소리로 책을 읽으며 공부해.

그러고 나서 엄마 아빠에게 내가 읽은 내용을 다시 한 번 이야기해. 그럼 한결 더 기억하기 쉬워.

난 낱말을 이미지와 함께 떠올려.

말하자면 '병아리'란 글자를 읽으면서 머릿속으로 병아리 모습을 떠올린다는 뜻이야.

먼저 오디오북을 듣기도 해.

책을 읽기 전에 내용에 대해 미리 이야기를 나누거나, 책 내용이 녹음된 오디오북을 듣기도 해. 그렇게 하면 책 내용을 이해하기도 훨씬 쉽고 재미도 있지.

수업 시간에 필기를 할 때 중요한 부분은 색연필로 쓰거나 밑줄을 그어 표시해 둬.

그렇게 하면 글자들이 눈에 쏙쏙 잘 보이고, 알록달록 예쁘기도 하지.

수원화성은 조선 시대 정조 때 만들어진 것으로서, 유네스코에 등록된 세계 문화 유산이다.

컴퓨터 키보드를 이용해 글을 써.

글씨를 예쁘게 쓰려고 애쓰지 않아도 되고,
맞춤법이 틀린 것도 금방 알 수 있어서 좋아.
손으로 쓸 때는 글씨가 삐뚤빼뚤해져서
자꾸만 신경이 쓰였거든.

화이트보드에 글자 쓰기 연습을 해.

엄마가 불러 주는 글자를 **크게** 써 볼 수도 있고,
쓰기 힘든 글자는 그 글자 위에 여러 번 **겹쳐 써** 보면서
연습을 할 수도 있어.
그리고 '방'이란 글자에서 'ㅂ'을 지우고 'ㄱ'을
써 넣으면 '강'이란 글자로 바뀌는 것도 금방 배울 수 있지.

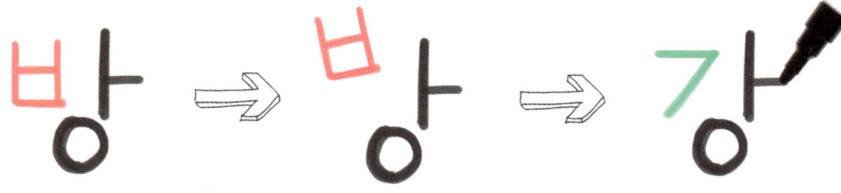

금지

어려운 낱말들은 몸짓이나 표정으로 표현해 봐.

그러면 재미있어서
나중에 낱말을 기억하기도 훨씬 쉽지.

일일 계획표를 만들어.

하루 계획을 미리 세우고 계획표를 만들어 놓으면
제때에 맞춰 할 일을 할 수가 있어서 좋거든.

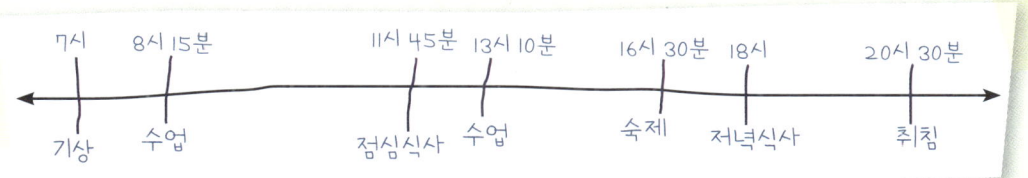

| 7시 | 8시 15분 | 11시 45분 | 13시 10분 | 16시 30분 | 18시 | 20시 30분 |
| 기상 | 수업 | 점심식사 | 수업 | 숙제 | 저녁식사 | 취침 |

**짜증이 나거나 스트레스를 받을 때,
난 내가 나무라고 상상을 해.**

땅에 두 발을 힘차게 딛고 하늘을 향해
두 팔을 뻗어 나무가 되어 보는 거야.
그러고는 **심호흡**을 하지.
그러면 마음이 한결 편안해져.

나는 요즘 언어치료사 선생님을 자주 만나러 가.
선생님한테는 재미있는 낱말놀이 보드게임과
컴퓨터에서 하는 게임들이 아주 많아.
모두 **언어 치료를 위한 게임들**인데,
나한테 정말 도움이 많이 되는 것 같아.

얼마 전에 나는 새로운 낱말 하나를 배웠어.

끈기

그건 내가 어떤 일을 할 때 아무리 어렵더라도 포기하지 않고
꾸준히 노력을 기울여야 한다는 뜻이야.
그렇게 하면 많은 일들을 해낼 수가 있지!

너 이거 아니?

난독증이 있는 사람들은 '비언어적인 사고'
를 한대. 쉽게 말하면 그림으로 생각한다
는 거야. 마치 3D 영화처럼 생각을 떠올리
기도 하는데, 이런 특징 때문에 뛰어난
상상력과 창의성을 나타내기도 해.
그래서 학습을 할 때는 많은 어려움을
겪지만 특별한 분야에서 탁월한 재능을
발휘할 수 있대.

실망스럽게도 난독증은 완치되지 않는대.

난독증을 완전히 없앨 수는 없다는 말이야.

하지만 노력하면 훨씬 나아질 수 있어.
나도 점점 글을 읽는 게 익숙해지고 있거든.
가능한 빨리 전문가의 도움을 받아
난독증을 극복할 수 있는 자기만의 방법들을
찾아내는 게 가장 중요해.

> 난독증은 빨리 발견해서 치료를 받는 것이 가장 중요하대!

자, 여기까지!
이제 난독증이 무엇인지 잘 알게 되었지?

내 이야기를 끝까지 읽어 줘서 고마워! 안녕!

교사와 부모, 함께 나누고 싶은 이야기

난독증, 빠른 발견과 치료가 우선입니다

전 세계 인구의 8~12% 정도가 난독증으로 어려움을 겪습니다. 하지만 난독증에 대해 관심을 갖기 시작한 건 얼마 되지 않습니다. 1970년대까지만 하더라도 글자를 잘 읽지 못하는 이유를 지능이 낮거나 심각한 시각 장애 때문이라고 여겼습니다. 그런데 지능도 시력도 좋으면서 글을 읽지 못하는 아이들이 점점 많이 발견되었습니다. 또한 난독증이 집중력 부족이나 공부를 많이 안 해서 생기는 문제도 아니라는 걸 알게 되었습니다. 1990년대, 예일대학교의 셰이위츠 박사 팀은 뇌영상(MRI) 연구를 통해 난독증 환자의 뇌는 낱자(자모)와 소리를 대응시키는 영역과 일견단어(한눈에 읽고 뜻을 파악할 수 있는 단어)를 저장하는 영역이 활성화되지 않는다는 사실을 밝혀냈습니다.

난독증은 글자를 제대로 읽지 못하는 증상을 말합니다. 글자를 눈으로 보고 소리로 바꾸어 읽고 이해하는 과정에 어려움을 겪는 것이지요. 그래서 난독증이 있는 아이들에게 책을 소리 내어 읽으라고 하면 아주 느리고 떠듬떠듬 읽습니다.

난독증이 없다면 각자 다양한 방법으로 읽기를 배울 수 있지만, 난독증이 있는 아이는 음운인식 능력과 해독 능력을 향상시키는 치료를 받아야만 읽기를 제대로 배울 수 있습니다.

아이들은 글자와 소리의 대응을 배우다 보면 점차 음절 단위로 글자와 소리를 대응시켜 읽을 수 있습니다. '사과'의 '사'가 '사자'의 '사'와 같다는 것을 인식할 수 있고, 나아가 '사과'를 'ㅅ ㅏ ㄱ ㅗ ㅏ'로 분해해서 낱자마다 그 소리를 대응시켜서 읽을 수도 있습니다. 이런 수준에 이르면 처음 보는 단어도 읽고 쓸 수 있겠지요. 그렇기 때문에 읽기 교육을 6개 단위(파닉스 교육-음운인식 훈련-해독 연습-유창성 훈련-어휘력-독해 지도)로 나누어 아이의 현재 수준에 맞춰 체계적인 치료를 해야 합니다.

읽는 속도가 느린 학생은 빠른 학생에 비해 독서량이 200분의 1 정도로 적다고 합니다. 독서량이 적으면 책을 통해 만나는 새로운 어휘를 습득하지 못해 어휘력이 점차 부족해지기 쉽습니다. 또 책에서 얻는 배경지식이 적어 이해력도 점점 떨어질 수 있습니다. 더욱이 만 10세 이후로는 책 읽는 속도가 늘지 않습니다. 그래서 난독증은 빠른 발견과 치료가 무엇보다 중요합니다.

정재석(소아청소년정신과 전문의)

교사와 부모, 함께 나누고 싶은 이야기

아이들을 있는 그대로 인정해 주고 격려해 주세요♪

한국난독증본부와 '꿈을 찾아가는 아이들'을 운영하면서 만난 많은 부모님들의 바람은 난독증이 있는 아이가 상처 받지 않았으면 하는 것이었습니다. 난독증은 보이지 않는 장애와 같습니다. 겉으로 보기에는 똑똑하고 영리해 보이지만 학습의 기본인 읽기와 쓰기에 어려움을 겪는 아이들은 노력을 안 한다거나 게으르다고 오해받기 쉽습니다.

그래서 난독증이 있는 아이들에겐 교육 자체가 고통이 될 수 있습니다. 하지만 읽기와 쓰기는 비록 서툴러도 아이가 잘할 수 있는 다른 부분을 발견해 칭찬해 준다면 아이는 자신의 장점으로 인해 부족한 부분을 개선해 나갈 수 있는 힘이 생길 수 있습니다. 아이들을 있는 그대로 인정해 주고 격려해 주세요!

우선, 난독증 아이들이 원만하게 생활하고 학습하기 위해서는 '난독증'에 대한 정확한 이해와 '난독증' 아동에 대한 정확한 판별이 먼저 이뤄져야 할 것입니다. 초등 1학년 때 조기 발견과 개입이 이루어진다면 다른 아이들과의 학습 격차를 훨씬 더 쉽게 줄여 갈 수 있기 때문입니다.

초등 고학년으로 올라갈수록 학습의 격차는 더욱 커지기 때문에 '학습된 무기력'이 발생할 수 있고, 무기력으로 인해 학습 동기를 잃어버리고 정서적 우울이나 분노 같은 2차적 문제도 함께 올 수 있습니다. 그래서 되도록 빨리 정확한 진단을 받고 전문가의 도움을 받는 것이 중요합니다.

난독증이 있는 아이의 자존감을 올려 주는 가장 좋은 방법은 학습 능력을 향상시켜 주는 것입니다. 부모님께서 책을 직접 읽어 주거나 책을 읽어 주는 전자기기나 오디오북을 마련해 주면 도움이 됩니다. 베껴 쓰기 대신 불러 주는 걸 받아쓰게 하고, 글씨보다는 철자에 신경을 써 주세요. 이때 아이의 감독관이 아닌 도우미가 되어 주세요.

난독증 아이들의 바람직한 교육을 위해서는 부모와 교사의 협력이 무엇보다 중요합니다. 지속적이고 적극적인 대화를 통해 난독증 아이들을 위한 교육적 배려를 함께 이끌어 내는 노력이 필요합니다.

'다르다'는 것이 틀린 것은 아닙니다. '다름'을 차이로 인식하여 그 다름에 맞는 교육이 이루어진다면 지금도 고통받고 있는 수많은 난독증 아이들이 '읽기와 쓰기'의 어려움이 있더라도 자신의 능력을 충분히 발휘하면서 우리 사회의 훌륭한 재목으로 자라날 수 있을 것입니다.

신영화(한국난독증협회장)

이것만은 꼭!

- **난독증을 빨리 알아차리고, 아이의 어려움을 이해하고, 현실을 받아들이는 것**은 아이가 잘 자라나기 위한 첫걸음입니다.

- **되도록 빨리 진단을 받고 필요한 교육을 제공하는 것**이 가장 중요합니다. 늦어질수록 아이가 학습에서 겪는 어려움이 많아지는 반면 충분히 좋아지기 힘듭니다.

- 아이에게 **자신의 독특한 특성에 대해 알려 주고 이야기**를 나누세요. 자신에게 무슨 일이 있는지 아는 것은 치료에 많은 도움이 됩니다.

- 무엇보다도 **아이의 지지자**가 되어 주세요. 아이를 지원하고 용기를 주는 것이 부모의 역할이니까요.

- 아이가 **자신의 능력을 발견할 수 있도록** 도와주세요. 아이가 관심을 갖거나 잘하는 것의 목록을 작성하고, 그 능력을 키우기 위한 방법을 찾아서 실천하세요. 그런 능력이야말로 아이의 자존감과 자신감을 키우는 핵심이 됩니다.

- **아이와 함께 방법을 의논**해 보세요.(필요하다면 교사나 특수교사와 함께) 구체적인 계획을 짠 다음 아이가 실천할 수 있게 도와주세요.

- **아이의 교육 관계자들과 밀접한 관계를 맺으세요.** 그래서 아이를 지원하고 아이가 좀 더 자율적으로 공부할 수 있도록 돕기 위한 정보를 수집하세요.

- **절대로 읽기나 쓰기를 못한다고 나무라서는 안 됩니다.** 그렇게 하면 아이가 노력하는 만큼 성과를 이루는 데 아무런 도움이 되지 않습니다.

- 손으로 쓴 글씨가 알아볼 수 없을 만큼 엉망이라면 **늦게까지 깍두기공책을 사용하는 것이 좋습니다.** 일반 공책에 칸을 만들어 사용해도 괜찮습니다.

- **받아쓰기 할 때 미리 한 번 써보게 하는 건 도움이 되지 않습니다.** 처음부터 불러 주고 글자 모양을 생각하게 하는 것이 도움이 됩니다.

- **소리 내지 않고 책을 읽는 것은 읽기 능력 향상에 도움이 되지 않습니다.** 소리 내어 읽게 하고 틀리거나 빠뜨린 부분을 즉시 바르게 고쳐 읽어 주어야 합니다.

- **부모가 책을 읽어 주는 것도 아이에게 큰 도움이 됩니다.** 하지만 아이가 책을 보고 있지 않으면 소용이 없습니다. 아이가 눈이나 손가락으로 글자를 따라가도록 해야 합니다.

한국난독증협회는

2002년에 성남 안나의 집 '한국난독증알리기운동본부' 창설을 시작으로, 2006년에 부모자조모임인 '꿈을 찾아가는 아이들' 온라인 카페 모임을 개설했습니다.

'꿈을 찾아가는 아이들' 개설 이후 20여 차례 이상의 강연회 개최와 전문가 양성 과정을 진행했으며, 부모님들의 재능 기부로 난독증에 관한 7권의 외서를 번역 출간했습니다. 또한, 대학과 연계하여 난독증 검사 및 음운인식 수업을 진행하고, 난독증 아동의 실태조사 및 교육정책 개발을 위한 운동사업을 실시하고 있습니다.

난독증에 대한 인식 부족으로 인해 아직 아무런 통계조차 가지고 있지 않은 우리나라의 현실에 맞서, 한국난독증협회에서는 난독증에 대한 올바른 이해와 사회적 인식 확산을 위해 노력하고 있습니다.

한국난독증협회 홈페이지 http://www.kdyslexia.org
한국난독증협회 페이스북 https://www.facebook.com/kdyslexia
꿈을 찾아가는 아이들 http://cafe.daum.net/dyslexia7

글쓴이 마리안느 트랑블레
편집자이자 디자이너로 출판사에서 20년 동안 장애 관련 어린이책을 만들었으며,
지금은 직접 책을 쓰고 있다.

옮긴이 마음물꼬
아이들에게 생각의 물꼬, 마음의 물꼬를 트게 해주는 책을 기획하고,
우리말로 옮기는 일을 합니다. 아이들의 생각과 마음에 사람과 자연에 대한
따뜻함이 흐르게 되면, 세상은 좀 더 살기 좋게 바뀔 거라 믿는 사람들이 모였습니다.
옮긴 책으로는 《나는 사실대로 말했을 뿐이야》《잘 자요, 대장》
《웃으면 행복이 와요》《오리 가족의 떠들썩한 나들이》들이 있습니다.

난독증이 뭔지 알려 줄게!

글쓴이 | 마리안느 트랑블레 **옮긴이** | 마음물꼬 **추천·감수** | 정재석 신영화
펴낸이 | 곽미순 **편집** | 김수연 **디자인** | 김민서 이정화

펴낸곳 | ㈜도서출판 한울림 **기획** | 이디혜 **편집** | 윤도경 윤소라 이은파 박미화 김주연
디자인 | 김민서 이순영 **마케팅** | 공태훈 윤재영 **경영지원** | 김영석
출판등록 | 2008년 2월 13일(제2021-000316호) **주소** | 서울특별시 마포구 희우정로16길 21
대표전화 | 02-2635-1400 **팩스** | 02-2635-1415 **블로그** | blog.naver.com/hanulimkids
페이스북 | www.facebook.com/hanulimpub **인스타그램** | www.instagram.com/hanulimkids

첫판 1쇄 펴낸날 2014년 5월 15일 **3쇄 펴낸날** 2022년 4월 12일
ISBN 978-89-93143-38-6 77370

이 책은 저작권법에 따라 보호 받는 저작물이므로, 저작자와 출판사 양측의 허락 없이는
이 책의 일부 혹은 전체를 인용하거나 옮겨 실을 수 없습니다.

* 한울림스페셜은 ㈜도서출판 한울림의 장애 관련 도서 브랜드입니다.
* 잘못 만들어진 책은 바꾸어 드립니다.

어린이제품안전특별법에 의한 제품 표시 제조국 대한민국 사용연령 8세 이상